www.ingramcontent.com/pod-product-compliance
Lightning Source LLC
LaVergne TN
LVHW051309200726
843510LV00010B/1333

أَمْطَارُ الْحُبِّ وَالسَّرَابُ

دار حروف منثورة للنشر والتوزيع

الطبعة الأولى

الكتاب: أَمْطَارُ الحُبِّ وَالسَّرَابُ

المؤلف: مؤمن عفيفي

تصنيف الكتاب: خواطر نثرية

تصميم الغلاف: فريق الدار

تنسيق داخلي: فريق الدار

مراجعة لغوية: محمد يوسف كرزون

مراجعة فنية للأشعار: مهدي ناصر

رقم الإيداع: 2019/7165م

الترقيم الدولي: 9-8524-5327-3-978

مؤسس الدار

مروان محمد

Website: https://horofpdf.wixsite.com/ebook
Fan page: http://facebook.com/herufmansoura
Email: herufmansoura2011@gmail.com

رقم الهاتف الأرضي: 0224114347 – هاتف جوال: 01064054995

أَمْطَارُ الْحُبِّ وَالسَّرَابُ

فصول وخواطر في فلسفة الحبّ والغزل

مؤمن عفيفي

إهـداء

من صاحبنا إلى لميته

إلى ذات لمياء المضيئة الساهرة فوق وسادتها المغرورة، والمتّصلة بوجه القمر اتّصال الشريان بالقلب، والوريد بالجسد، والأصابع باليدِ.

وإلى ذات لمياء الثانية التي لا أحبّها ولا أبغضها، فهي بالنسبة لي الآن لا شيء.

إلى الشخصيّتين: الأولى والثانيّة

إلى الذكرى الحُلْوة والمُرَّة

أُهدي هذا الكتاب

30 من أيلول / سبتمبر 2016 القاهرة ـ مصر

كـلـمة

فرُبَّ كتابٍ من نبضات الرافعي يلد لنا تاريخًا من الأجيال

ويولّد مستقبلًا في حضرة الخيال

ويرسل حقائقَ من بلاغة الجمال.

* * *

مقدمة الكتاب

يحدّثُنا صاحبنا في مقدّمته:

هذه نبضات بلغتْ بالفؤاد حديثًا من ينبوع الوفاء إلى حبيبتي الميساء، وبعثتُ إلى العالم دقّةً من دقّات الحبّ عند جمالها، ورنّة من رنين النبض عند روحها. ولقد كانت النبضات تشعل نفسي نشاطًا وحركةً كأنّها شلّالُ ينهمر في قلمي، فكنتُ أتذوّقُ من مظهرها المسكر خيوطًا من آمال تـعربد في النفس، كأنّما جلست على قلبي بحنين لا يعرف إلّا العشق، وعشقٍ لا يعرف إلّا الحنين، حتّى نتراجع رويدًا رويدا، فنبصر من بين الشمس ظلّين، ونرى من بين القمر طيفين، فَوَالله لا أحسبهما إلّا ظلَّي الإشراق وطيفَي العناق في سراب الأشواق.

ولو لبستْ تلك الغادة كلمـة الحبّ للحبّ، بالله للبستِ البراءةُ وجهَها والجمالُ جسدَها والحسنُ عمرَها والشِّعرُ نفسَها، ولقد عمل الأربعة في الأربعة، كما يعمل الربيع في الزهور والورود والنباتات والأشجار، وكذلك يعمل الحبُّ والربيعُ معًا، بل يُطلق

شهيقُ الربيع في زفيرَ الحبّ، لتصنع روابط قويّة متينة ما استطاعت أنْ تصنع. ولكنْ أين مَنْ يقدر على الربيع والحبّ معًا إلّا سعة المحبّ النفيسة!.

وها أنذا اليوم أرسل حبّي المتألّم إلى صفحات الأرض في دموع الأرض، فليس من حبٍّ في هذا القلب منثور إلّا وهو نابضٌ إلى قلب منثور، وأدعو اللهَ تعالى أن يُنزلَ من جبين السماء قطرات الابتسامات على ثغرها الرقيق الطاهر، وأنْ تظلّ هي الساكنةَ الباردةَ ليظهر ويتجلّى فيها جلال القدّوس فيما أملاهُ على صورتها وتصويرها: مِنْ نطفة فعلقة فمضغة فعظمة فتركيب بديع بيانيّ بليغ، وما أجمل التركيب حين تبصر فيه إنسانة خفيفة الوزن، خفيفة الطبع والدم، لا تعلم من اسمها إلّا إذا أرادتْ هي أن تكشف لكَ معانيه وسرّ ما يحويه، لذلك ثبتت صورة لمياء في عينيَّ على أنّها لذيذة الطبع، ورديّة اللون، مائلة إلى الاحمرار، حوراء العينين، شابّة المفاصل، غَمّازَة الخدّ، باسمة المعالم، حسنة البدن كأنّها زهرة لا تمتص إلّا ماء الله، وتكاد من فرط براءتها تتحدّث مع الطفولة، حتّى لا يحسب من رآها أنّها طفلة أو آنسة، بل رآها نصف طفلة في نصف آنسة، كما ترى نصف الإشعاع في نصف

النَّهار، وتجمع هذا النصف على نصفه الآخر، فتبصر الشمس طالعة في مجموع من اللؤلؤ والمرجان اللذين يبتسمان في أحضان الماء، وكأنَّ الطبيعةَ تزفُّ رقّتها وهدوءها في بيت مِنْ أبيات قصائدي الذي لا يُنسى مع مرور التواريخ والأزمان قائلًا:

و بكرٌ وجهها روض الجنانِ   كقرصِ الشمس و الدرر الحسانِ

وأمّا قَبْلُ... فقد بدأ حبّي لها بإعجابٍ بالغٍ، تحوّل فيما بعد إلى حبٍّ عميق، ولكلّ إعجاب مقدارٌ من الحبِّ، ولكل حبٍّ مقدار من الصبر، ولكل صبر مقدار من النفاذ، فلا أستطيع بعد تلك الساعة كتمَ الهوى أيُّها السادة القرّاء، ولكنَّ تلك المرأة التي هويتها استطاعت ذلك، وكتمت حبّي إليها في طيات جوانحها وجوارحها، غير أنّي كنتُ أصانعها بالغزلِ، وأتودّدُ إليها بكلمات حب في شعر عذب، فأمنحها من لساني وكياني ما شاء الله ليّ أنْ أمنحها، وآليت ألّا أفارقها أو أتركها، ولكنَّها فعلت ذلك بقسوة، فرأيتُ أنْ أُخرِجَ هذا الكتاب بعد مرور حولين أو أكثر على هذه القصّة، وأقسمتُ على سريرتي بإنشاد سلسبيل لا يحول بيني وبينها إلّا في كشف حجاب الشوق لها، وحديث العهد بها، لأختم مقدّمتي بسورة الوداع في آية الفراق.

مـدينـة الـغـرام

يقول صاحبنا في مدينة الغرام:

أصبحتُ في هذه المدينة منذ عامين أو أكثر على شخصيّتين غريبتين متناقضتين أشدَّ وأفزعَ من التناقض بأحكامه، وأسوأ ممّا يسوء أنَّ الأولى تمتلك الأدب والحياء والفضيلة، وأنَّ الثانية تمتلك الوقاحة والجرأة والرِ..، وكانت الاثنتان امرأة واحدة، تبتعد عنها معاجم السماء الإلهيّة، لتقمع في نواميس الشياطين الأرضيّة، حتَّى هبّت في تلك المدينة الآنسة الأولى، لأشهدَ لها بما كان يا زمان، وبما سار بيني وبينها يا مكان، عند اللقاء الموعود في البستان. وأمّا عن الثانية فسيأتي ميعادها في وقت لاحق بإذن ربّ الجنان والنيران.

وأمسيتُ في ذات ليلة أخطُّ كتابًا رومانسيًا بحتًا في فلسفة الحبّ والغزل، أو في فلسفة الحبيب ودلالِهِ، أو في المنطق الغريب بعض الغرابة عند الشعر العربيّ الجميل جمالًا لا حدود لهُ، واتّخذتُ الطفلة البريئة عنوانَ رسالتي الثانويّة في كلّ يوم، وفي كلّ ساعة،

وقد صرتُ ـ والله ـ من كُتَّاب الرومانسية، وأدباء الحبيبة، وشاعر لمياء: أي شاعر الجمال والدين الذي يعتنق حرّيّة المرأة بحجابها ونقابها، لا بتبرّجها وسفورها، وكأنّني في تلك المدينة عنترة وهي عبلة، أو قيس وهي ليلى، أو أنا ولمياء ـ الأولى في الإهداء ـ اسمان لن ينساهما التاريخ القلبيّ العريق أبدًا، وسيظلُّ، وإلى حدّ التكرار والملل، يعصف في فؤادي ثلاثة حروف على هذا النحو: (الميم): محب، (الواو): ودود، (النون): ناجٍ من ذوبان الخلق وانصهاره.

وفي الحين الذي نظرتُ فيه لكل القلوب، فلا أرى قلبًا يتّسع قلبي إلّا هي، ولا أرى أحدًا يداوي كَلمي إلّا هي، ولا أرى مثل هاتين العينين اللامعتين، كالنجوم المضيئة من فوق كواكب ترويها، وقمر يغذّيها من ضوئه، وكأنَّ القمرَ في السماء مصباحُ وُجِّهَ إليها وحدها، فامتصّتهُ مرآة وجنتيها، وترك نساء العالم أجمع في ظلام قاتم، أترى يا "مؤمن" وجنتيها إلّا رشّاشًا من النور الأحمر النديِّ الذي ينحدر داخل حياء الشفق الباكي؟ فما انبعث نور الصباح حتّى كأنّكِ تتثاءبينَ في أشعة الشمس المستيقظة مع سماع نغمة قلبي المسرور.

وبات مَعْلَمَ طيب الفكاهة، فصيحَ اللسان في ألفاظ وألفاظ، لحوحًا في كلامه بأنَّ الحبَّ سوف يأتي في هذه السنة السوداء، فقابلتُها حينئذٍ في درس لصانع الأوائل، ولم ترَ عيني صباحًا هادئًا ومشرقًا مثل ذاك الصباح من قبل ولا من بعد، فلا أدرى حينما رأيتُها أنَّني في فجر العشق، أم شروق الحبّ، أم ظهيرة نياط القلب، وتالله لمّا رأيتها في ذاك النّهار، لم أعرف أهي الشمس أم الشمس هي؟ وكأنَّما هي والشمس ضياء واحد لا يفرّق بينهما شيء، إلّا أنَّ الشمسَ ثابتةٌ فتدور حولها الأرض، أمّا هي فمتحرّكة وتدور حولها الشمس والأرض والكواكب والمجرّات، وكلّ ما ملك الكون ينصب داخل نورها الذي لا يخفت ولا يضطرب، وعندما تمعّنتُ ودقّقتُ في ملامحها علمتُ أنَّها جاذبيّة لامتصاص نور الشمس، حتّى جذبتْ قلبي في قالبها الغربيّ، واستقرّ ونَبَتَ فؤادي في عرشها، وهو لا ينصت إلّا لنغمات العشق التامّة بمملكتها، التي تحكم عليه بقانون الحبّ، ومن ثَمَّ ناموس العاشق الأسير في كلمة واحدة ألا وهي الجنون.

ولن تظهر لمياء في جميع اللقاءات والمصادفات إلّا وهي عصفورة قصيرة هادئة في نسيم الربيع، تقف على غصن الشجرة

لتترنّمَ بمظهرها لا بصوتها، وأغلب الظنّ يعود إلى صمتها، فإذا هي متكلّمة خرساء في أوان الفصول الأربعة، وإذا هي متحدّثةٌ بلا حديث، ولكنَّ حديثها رُمِيَ على قلب المؤمن رميًا كالسهم وهو في أحشاء قلب الجنديّ، وكم من هدوءٍ وسكوتٍ وصمتٍ يعملون على الضوضاء والقول والحديث، وها هي ذي صاحبة الحديث تتمدّد على الهدوء لتكون الضوضاء من الحبيب كلّ الهدوء لمعاني الحبّ، وتملأ السكوت بين الثغر والثغر ليكون القول بعضًا من السكوت لمفردات الحبّ، وتبلغ الصمت إبلاغًا يستعطف الكلام ليكون الحديث أتمّ حديثًا للحب، وهي معاني الحبّ ومفردات الحبّ وحديث الحبّ، جميعها فيها هي، ومنها هي، ولها هي، حتَّى الحبّ نفسه هي.

وما تزال عيناها ثاويةً على الأرض إلّا وقد حفظت صخرة صخرة، وحجرة حجرة، وحائطًا حائطًا، والوجه الأبلج الوضّاح لا يفارقه الاحمرار والخفر والحياء، وانهمل الخجلُ على وجهها انهمالًا كأنَّ رموشَ عينيها قد سقطت من عليها، والاحمرارَ وُضِعَ في خدَّيها كأنَّ في خدّيها تفّاحتين لذيذتَين، ومَنْ غيري الذي يشتهيهما؟!.

وفي قلبها الوحيد من النساء، أبصرتُ مدينة راياتها تقول: لا للاستسلام ولا للحرب، وإنَّما كانت تنطق براية الحبّ الإلهي المشرق على السلام الأزليّ.

يكتب صاحبنا لآنسته الفُضلى:

يا آنستي الفُضلى، إنَّك لا تسألي هذه السماء ولا هذه الأرض مِمَّنْ هي، ولا ماذا تصنع، وإنَّما تنظري إليها بتأمّل أعظم الفلاسفة والرهبان، وتقولينَ من بعدها: جَلَّ الربُّ الذي خلق، وتسبّحينَ باسم الواحد الأحد البارق، فانظري إليّ كما تنظري إلى هذه السماء أو إلى هذه الأرض، وقولي تبارك الله فيما صنع من بلاغة وشعر وبيان في بهجة النفس، وأيّام الأُنس، وأحلام الإنس، وكأنَّنا أطبقنا السماء على الأرض، أو الأرض على السماء، لنشهد بورقة تنطوي على عظمة الحبّ، وانصبابه في نفسه، ودورانه في ذاته عند مدار المنطق القلبي.

يا آنستي الفُضلى، ليت شعري الدائم يبقى نبوغًا حازمًا في فلسفة الجمال الخاصّة بمظهركِ ووجهكِ، وَأَخَصُّ ما تمتازينَّ بهِ، أنَّك تشغليني عن عقلي وعن قلبي، وعمّا في سطر قصتي، وعمّن

حول روايتي، بل تشغليني أيضًا عن ديوان الحبّ والغزل، لأنَّك أنتِ فقط الديوان كلّه.

وأحرى أنْ نُتيح لنا فرصة الإغراق في محيط الإمعان والتفكير للبحث عمّا وراء كَنز الشوق، وعمّا في داخل جزيرة العشق، فوالذي نفسي بيده ليوشك أنْ يكون الشوق عشقًا تبرّم[1] منه رقّة الفؤاد، وتهافت[2] عليه الاشتياق في محلّ رفع المراد، وجال بين جنبيه دمع الوداد، ألا رُبَّ من عامٍ أبيض من السواد. وأعلم يا من كتب السطور بالحبور أنَّك سوف تقف لها بالأقلام، ولسوف تخطُّ إليها ما يخطه وحي الأعلام.

يا آنستي الفُضلى، لو تعلمينَّ كم بلغ الذاوي ذبوله ورقة ورقة، ولو تبصرينَّ ما وجب عليكِ إبصاره، وأنتِ في جميع الأحيان مبصرة العين ضريرة القلب، أخذ السواد ندبه إلى باحات أمرك وساحات فعلك، ولقد كنتِ كالخمائل الخضراء والجداول البيضاء تملئينَ الدنيا غاية الضحك والابتسام، وكأنَّ الدنيا بما فيها وما عليها انصبّتْ عليكِ بتحيّتين:

أولاهما: السلام عليكِ.

---

[1] سئم وضجر

[2] تساقط وتتابع

وثانيتهما: الإسلام عليك.

والسلام والإسلام مصدران لمفرد واحد، وجوهر واحد، وربّ واحد، وهو الله يا عزيزتي، هو الله.

يا آنستي الفُضلى، لماذا بالغتُ وغاليتُ في التودّد والتحبّب إليك؟! أصار هذا من ظمأ الحبّ؟. وويلٌ من ظمأ الحبّ إذن؟. كم كَتَبَ علينا الوَصَب والشقاء، وكم بعث إلينا ببريد النجوى وظرف الصبوة، وسار في أضداد الغرام كيت الحبّ وكيت الخوف وكيت القرب، وكم كُتِبَ عليّ أوار الحبّ كما كُتِبَ على الصبار الجفاف، وكم أشتهي إلى الارتواء من كأس لمياء، وكم يشتهي الصبّارُ من يدّ الله إلى الماء، وكلانا لا يفترق عنه الصبر شيئًا فشيئًا إلّا أنّه النبات وأنا الإنسان. وكم رأيتُ فيكِ الربيعَ وأخذتُ منهُ زهورًا أحملها في عطري، كأنّما كيان الربيع هو أنتِ، وأمطار الشتاء مياه حبّنا، وحرارة الصيف نار فراقنا، والخريف لا يعرف منكِ مكانًا ولا زمانًا، فأنتِ الربيع كلّه مع لذات النسيم، وأنتِ الحبّ كلّه مع حصاد الهشيم، وأنتِ العلمُ في رُبا التعليم، وأنتِ... وأنتِ... أنتِ مَنْ كان شخصًا كريمًا.

خَبَايَا الْهُيَامْ

يسطّر صاحبنا خبايا هُيامه:

هذا الفصل يحتوي على رسالة لم أبعثها إليها، وإنَّما أبعثتها

على لسان قلبي إلى صميم قلبها قائلاً:

إليكَ يا قلبها، فها أَنَذا أبحث عن معانيك يا صميمنا، فلم أظفر بمعانيك إلّا في قلبي، وما تبحث عن سعة الحبّ ومحيطه إلّا وجدته في قلبي مترنّحًا عليك في حنين وميل، وها نحن جسدان في روح قلبين يتوحّدان ويتعانقان لينجبا حضارة تضمّ تاريخ القلوب القمريّة، أو تطوّق الأساطير الغرامية بذراعٍ أبيضَ منهمرٍ كشلّال الطلاوة الناطق بحرف اللام لآنسة الأناقة والحلاوة، لام صاحبتها تعلّم نفسها جيدًا، لام : (لمياء)، هذا الاسم فوق الكون بما يبتسم للشغف، وبما يقهقه للعشق المزركش حول كلّ علاقة بين شابّ وفتاة في أطهر غطاء للوعة فيحاء.

وأنا على عهدك مقيم إلى يومٍ لا عهود فيه ولا مواثيق، ولا عائلة فيه ولا صديق، وليهنّئك الزمان في صميم حبّي النابض

لقلبك، وأوردة عشقي المفعمة باسمك، ونسيج نشوتي السابحة على دمكِ، وكلمة لساني الناطقة بهواكِ، وليهنّئك الدهر لأنَّك أوّل من أفكر فيه عند اليقظة، وآخر من أودّعه عند الممات القصير، وإنني ما زلت أذكرك بين كلّ حديث في نَفَسي ونفسي وساعات عمري وثواني حياتي، وأكتفي يا زهرة العمر أنَّك الحبيبة الدائمة، والبريئة الغالية، والطفلة الساهرة في بريق نجم عامر ليؤنس وحشتي المظلمة.

والسلام

وما عسايَ أن أقول عن الحبّ شيئًا إلّا أنني كنتُ فيه جاهلًا ساذجًا، حتّى أتمّت بقاموس روحها المجون ثمّ الجنون به وفيه، وساعتئذٍ بات قلبي يخبّئ إليها ألوانًا من الحب شتَّى، ولا يبرح التعداد السكّاني إلّا أنْ يكون في أوّله ((هي)) وفي آخره ((تلك))، ولا ينفكّ التعداد القلبيّ إلّا في طبيعة واحدة مولودة على خريطة العالَم خطّ استواؤها: لمياء ونبضها.

وفيّكِ النبض الذي يقولُ: أين قلبي؟!!!

وفيّ أنا القلب الذي يقولُ: أنتِ نبضي.

زهرة للحياء أم للداء

يخطُّ لزهرته معنى للحياء ومعنى للداء شارحًا:

كانت زهرة الحياء من خجلها تتمايل ذات اليمين وذات اليسار في هدوء زاخر بالخَفَر الشديد، وكانت ذات روح تختلط بكلّ شيءٍ حولها، كما تختلط الزهرة بجذور ترابها، وكما تضمّ المادّة أصلها، وكما يعانق الهواء حبّها، كانت هي في الزهرة والمادة والهواء استمدادًا لجناس التراب والأصل والحبّ، وقلّما تجدها جالسةً بمفردها، أو شاردة بين أفكارها، بل تجدها دومًا محبوبة لكلّ الفضاء، ومعروفة لكلّ الأعين بأواصر المودّة والإخاء، من أصدقائها العديد فالعديد من الآنسات، ذوات النعومة أو الخشونة في المعاملات، ولا عجب في أنّها تحفظ جميع أسرارهنّ وأحاديثهنّ في قوقعة من لؤلؤة ذاكرتها، وهنَّ أيضًا كذلك.

ولا يبصرها أحدٌ إلّا تعجب وانذهل، ثُمَّ تصنّم وانبهر، كأنَّ وحي النظرات خبّاً في حسنها دُرر البلاغة، وهي الهادئة كغزالة الغابات، والزاهية كبدر السماء، واللّيّنة كحرير النساء، والطائرة

من الأفلاك إلى الجوزاء، فإنْ نظرتْ إليك بدّلت الارتياب لهفة، والإعجاب لوعة، والفراق كبوة يشيعُ أريجَ العطرِ في قلادة صدرٍ أبيضْ.

ودخلت عليَّ في ليلة من أحلام الليالي، مهرولة إلى خيالي بإزارٍ عاري المنكبين، ولا أنسى ما حَلَّ بها إلّا أنني دخلتُ بها، فسكتت بعد ذلك ثم سكنت في فراشها، كالغادة المسعرة لقُبلةٍ تنعش ذكريات الشوق، وما القُبلات إلّا آراءُ متعدّدة حول فلسفة الحبّ والغزل التي تدخل على الحبيبة في نظرة، وتُقَبِّل المعشوقة في ابتسامة، وترسم الزوجة على بسمة الروح الصاعدة من القلب والثغر معًا، حتّى تتبقّى هذه البسمة التي تستحقّ لقب الزوجة من حرارة الصدق والثقة والاحترام والمودّة. وعند قارعة النصوص الزوجيّة تقديس لشاعريّة الصديقة، وإلهام الشقيقة، وفوق ما سار من هنا أو من هناك تنفرد بملائكيّة الأمومة العريقة، التي لا غنى للطفل والزوج عنها.

إنَّ أوّلَ الحبّ نظرة وآخره زفرة، فلا عليكم أيُّها المحبّون بالتكلّف والتصنّع مادام هو يزمهر في كلا الطرفين، وإذا تحدّثتُ

واستوثقتُ ذاك المحبّ على لحمه وسداه، ونصحته في الله، وقلتَ لهُ:

يا أيُّها المحبُّ الولهان، إنّما قُرِّبَتِ المودةُ والأُلفةُ والسكينةُ إلى قلب الحبيبة لأنَّ القدَرَ يسوقها إليك، وإنَّما بَعُدتِ المودّةُ والأُلفةُ والسكينةُ عن قلب الحبيبة لأنَّ القَدَرَ يسوقها إلى غيرك، وإذا أراد الله حبًّا يدوم هيّأ له الأسباب، فرّبما سعيتَ بكلِّ سببٍ فلم تفلح ولم تنجح، ثُمَّ يقع بداخلك سببٌ آخر لم يتمهّد لمصادفة الحبّ قطّ، فإذا أنتَ عند ذروتك، وإذا أنتَ قد ملأتَ فؤادك ممّا كنتَ قد يئست منهُ، فلا يكون عَجبك كيف خاب وفشل الحبّ الأوّل بأشدّ من عَجبك كيف نجح ودام الحبّ الثّاني، ولم يعمل الثّاني على أنَّه الثّاني، وإنَّما يعمل على أنَّه الأوّل في الأوّل ، إذْ ليس معهُ آخر، وليس بهِ ثانٍ.

والكارثةُ فالكارثة هي أنَّ صاحبة الكتاب تلك الثّانية، والمصيبة فالمصيبة أنَّ زوجها الآتي هو الحبّ الثّاني!!!!.

يرجع بنا الحديث إلى صديقته القديمة مسترسلًا:

نعود إلى صانعة مدينة الغرام معي، وهي على الشمول آنسة كبيرة القلب، اسمها يقع في رحلة قديمة. ولا أذكر كيف بدأت صداقتنا، أو منذ متى ارتبطت بالصداقة، وإنّما ارتبطت علاقتنا الحميمة الجديرة بالذكر في كتاب مطلول يطلّ على شاطئ "الدردشة" المدعو بالعالم الأزرق، وأنا أفضّل أنْ أضع عنوان صديقتي في فصل خاصّ بذاته، لكي يرتقي إلى سمات الصدق وخلجات المحبّة وابتسامات الصداقة لكلّ الصداقة.

كانتْ صديقتي (ا.د) تراسلني في وقت إرسال رسالتي إليها، وكانتْ لا تتأخّر في الردّ، ولا تتقدّم في التحيّة، وللأسف الشديد ضاعت كلّ المحادثات وجميع المحاورات التي بعثتها إليها إلّا واحدة أو اثنتين، وعسى ما تكون الأولى حينما أبلغتها وشكوت لها عمّا فعلته صاحبتنا الساحرة، برسالة مؤرّخة على هذا النحو:

القاهرة 17 من اكتوبر سنة 2016م

إلى عزيزتي (ا.د)

تحية طيبة، وبعد.

يا غالية، لقد شرعتُ في كتابة الأشعار ومن ثَمَّ المقالات والقصص، ومن ثَمَّ مسرحية واحدة إلى الآن، وانتهيت بحمد الله وكرمه من أربعة كتب أو أكثر، وسأنشرها جميعًا بإذن الله واحدًا تلوَ الآخر، وأوّلهم ديواني الشعري الذي سوف يُنْشَرُ عمّا قريب مع دار حروف منثورة للنشر الإلكتروني.

وهذه البداية التي قدّمتها لكِ في الرسالة، كانت لمعرفة أين وصلت منذ ذلك الحين!. أتعلمينَّ ما أعني بذلك الحين؟، هو الحين الذي أحببتُ فيه صاحبتك...[3]، أجل... هي تلك الساحرة التي نافقت علينا في جُملتها الشهيرة (أنا معرفش ولاد)[4] ، فأنظري وتعمقي في صورها التي تزيّن موقعها، ثُمَّ اقرئي التعليقات السخيفة المبتذَلَة أخلاقيًا ولُغويًا من أصحابها الجامعيين، وهنَّ الآنسات

---

3 هنا ذكرتُ اسم لمياء الرباعي
4 عندما أرسلت الصديقة إلى لمياء أوّل شعر فنّيّ ضحكت لمَى، ثُمَّ قالت هذه الجملة كما أوردناها

والنساء ـ وأعني بالنساء الرجال[5] ـ ممّا أراهُ فيهم من كيت وكيت للسخافة وللرياء.

عمومًا، لا أرغب في مماطلة الرسالة بطولها وعرضها، بل سأختصر عليكِ الطريق في مطالبتكِ بالمحادثة، التي كانت بينك وبين الساحرة حول الشعر الفنّيّ الذي أرسلتُهُ إليكِ وإليها، وأرجو منكِ تحقيق ذلك في القريب العاجل. والسلام

الشاعر المجهول

فجاوبت الصديقة قائلةً: لا...لا... نحن لا نتحادث بتاتًا ولا نتكلّم مع بعضنا بعضًا الآن، وأنا ـ والله ـ لستُ متذكّرة ما قالته لي. ووقتئذٍ خفتُ وهرعتُ أنْ أكون أنا من فعل ذلك، فأجبتها: لماذا لا تتحدّثان؟. إنْ سمحتِ انظري في الرسائل واسترجعيها، لأنّني أخطُّ كتابًا أحكي فيه قصّتي وقصّتها وقصّتكِ بطريقة غير مباشرة لا يفهمها إلّا نحن الثلاثة.

أنا أعرف أنّكِ لا تحبّذي تلك الساحرة، وأنا أيضًا لا أحبّذها، أافترقتم بسببي لا قدر الله، أرجو منكِ الردّ بالعاميّة المصريّة أو

الفصحى، لأنّني أكره الفرانكو، وهذا الكتاب على الأخصّ تعبتُ واجتهدتُ فيه كثيرًا كثيرًا، ولسوف يأخذ منّي الكثيرَ في التعديل والتهذيب والتنقيح؛ لذلك كانت هذه الأفعال آخر عهدي بها في نهاية الكتاب. فلا تقلقي أنا لا أحبّها ولا أبغضها، فهي بالنسبة إليّ الآن لا شيء، وهذا هو سنّ المراهقة كما قالت لي أمّي، ذكرى حُلوة أو مرّة، كما إنّني أريد أن أؤرخ تاريخنا فقط لا أكثر ولا أقلّ، وأمّا عن علاقتي بكِ فمستمرّة بحول الله ومشيئته.

فجاوبت (ا.د): (((حاضر هدور عليها))). ثُمَّ أرسلتها إليّ.

وختامًا، لم تستمرّ علاقتي بصديقتي (ا.د) إلّا أيامًا معدودات بعد تلك المحادثة، والسبب يرجع إلى خالها الذي دمّر كلّ شيء، ولك جزيلُ الشكر أيُّها الخالُ العزيزُ المدمّر!!.

إلـيـكِ يـا وردتـي

يتكلّم عن وردته منشدًا:

بيضاءُ من آلِ أبي محمدِ منيرةٌ من الهنا و فرقدِ

يحسبها الفؤادُ نبعَ الشهدِ

و دفؤها يغني عن كلّ موقدِ و حسنها من الطراز الأجودِ

أرخى الليلُ الساجي أسدالَهُ على وردة بيضاء من طراز التبرج في سندسها وحريرها، جالسة على أريكة التربة منتظرة شعاع الفجر الحاني على أوراقها، لا تتحرّج ولا تتورّع من كآبة النفس، ولا تسأم ولا تملّ من عين الشمس، ولا تغضب ولا تتمرّد على ملاوة من مسّ، وكأنّها الوردة التي لا تشعر بتلامس الماء لأضلاعها إلّا ازدادت رونقًا وجمالًا، وحسنًا وبهاءً، وتنكمش عند إقبال الغرام، وتتفتح عند إدبار الوئام، فإذا هي وردة جديدة لا أحسبها إلّا وردة الهانئ، وسار التأنّي بين جذورها، والهدوء في أعصابها، والنعومة في نواتها، كما تسير ابنة اليمّ على البحر، وآن لها أنْ تصبح على سنّ المرآة في خشوع مشّائي الفجر، وأنْ

تهذّب شَعرها كما يهذب المؤمن الصلاة بالاستغفار، وهي على الدوام ابنة للمناجاة، وحفيدة للمناداة، وصديقة للحمد، وشقيقة للودّ، أخذ الجمال منها بعضًا من الدين، أو أخذ الدين منها كثيرًا من الجمال، وطفقت على أنوار الصباح كأميرة لزمرّدة، أو كملكة للؤلؤة، أو كغادة لياقوتة، تالله أتعدّد المفرد في معانيها، وهي المفرد الذي ليس له جمعٌ لمعناه أو جمعٌ لمغزاه. و لَعَمري أفي اللوعة والشغف جمعٌ يُجمع منها أو عليها؟! كلّا ثم كلّا، إنَّها الملاك المنفرد بالكون من ضياء ونور يسطعان على نواحي الدنيا والأرض معًا.

بالله يا عزيزتي! ما لِهذه النسمات التي تداعب أطرافك؟! وما لهذا البرد ولهذا الصقيع من تصفية السلام بجوارك؟! وما لهذا القمر أيَّتها القمر من صبغة نوره بوجهك؟! وما لهذا الحرّ من طاقة حسنك؟! وما لهذا البحر من كبرياء أنثى لا تبطئ ولا تخطئ إلّا في جواب القلب بإعلان الحبّ وأشباه الحبّ؟! وما لحضرتك أيَّتها الحوريّة السابحة على لسان الشواطئ والبحار، والطافية على ضفاف المحيطات والأنهار، والساكنة في عالم المنارات والفنار بقتل رجل آمنَ بكِ إيمانًا لا هو من المنافقين ولا هو من الكفّار،

ووضع تريبة على صدرك الناهد الموسوم بأربعة فصول جميعهم نطلق عليهم فصول المؤمن، وطبع على شفتيك قُبلة موشومة باسمه: مجنون لميا: أي كان مجنونًا بكِ كعاشق ليلى، ومؤمن بكِ إيمان المحسنين، وكيف للإحسان أنْ يتحوّل إلى كفر إلّا بعدما نبحر من رحلة اليقين إلى لسان الشكّ؟! وذاك الذي يُدعى الشكّ هو أغوار بدأت منكِ لا منّي، وأعماقٌ من اللا مشاعر كانتْ بداخلك لا بداخلي، وأينما ذهب حديثنا بتلك البداية التي طالما أحببتها من أجل أنّكِ تجلسي بداخلها، راسلًا إليكِ كلمات قلبي لا أحاديث قلمي، كاتبًا بأحبار دمي: {{}}وردتي{{}}[6]

تمهيد للرسالة

[[... سألتكِ يا روعة الورود في صباح يوم ما: أين أنتِ؟ وأين قلبي؟. إنّك في الصباح شمس، وفي المساء قمر، وفي السماء نجمة، وفي الأرض نور، وابتسامتكِ تمحو كلّ الأحزان والشجون، ووجهكِ يعني الطفولة والبساطة، وعينيكِ تعني الحياة.

الرسالة الأولى و الأخيرة

إلى عزيزتـي لـميـاء:

---

[6] هذه الرسالة الأولى والأخيرة إليها، و البركة في توصيل الأمانة يعود إلى الله ثُمَّ (أ.د).

النفس ـ يا ألمي ـ تشتاق لرؤيتكِ من يوم إلى يوم، وصارت تتمرّد على صاحبها وتتلاعب به حتّى رسمت وجهكِ المنير، كلوحة وُضِعَ فيها ضياء الشمس والقمر معًا...

والعمر ـ يا غالية ـ يناجي روحك الطاهرة الحسناء، التي تزهو من حين إلى حين باسم أجمل نساء الأرض، وباسم أفضل معاني الرّقّة، وباسم الأمل في كون خاصّ ينادي حروفك: (ل.م.ي.ا.ع)...

والقلب ـ يا معمّرة القلوب ـ لا يعرف إلّا أنتِ، ولا يدّق إلّا لكِ، وما من حبّ في داخله إلّا في حضرة صفائك و سنائك، والحبّ يا آنستي كلمة متعلّقة بأجزاء البشريّة كلّها، فالحبّ هو لذّة ما بعدها طعام أو شراب، الحبّ هو ضجيج جسمي كـلّه حين أراكِ، الحبّ هو دقّة روح القلب لا دقّة القلب نفسه، الحبّ معانٍ و أخيلة خاصّة باثنين فقط، وبينهما علاقة مخبّأة بصمتهما؛ فالصمت أبلغ ما في الحبّ وأشرفه وأرفعه، وحينما تعجز الألسن عن الكلام تنطق العيون بأروع الأحاديث، وعندما تنهمر دموع الأحبّاء من شدّة الفراق فاعلمي أنّ هذا الحبّ حقيقي بالفعل؛ لأن الحبّ الذي تنسكب عليه الدموع، ويحتويه شوق الرجوع، يظلّ منيرًا ومضيئًا وخالدًا

كنجوم الليل المتلألئة في سماء الغرام، وحينها سيصبح حبًّا بأفضل روحين يعانقان بعضهما صمتًا، ويتزوّجان علنًا صريحًا في وسط عيونهما.

فالسر ـ يا حبيبتي ـ في الحبّ هو القلب، والأعين ـ يا حوريّة العينين ـ لغز القلوب، وأجمل ما في الحبّ نظرة مملوءة بألوان الاشتياق... سأحبّكِ على الدوام. سأحبّكِ على الدوام يا لمياء الغاليه...]].

الشاعر المجهول

وما المنطق بين الدوام، وما الحبيبة إلّا الحبّ نفسه، وما أدراكَ ما الحبّ، ثُمَّ ما أدراك ما الحبّ؛ فالحبُّ مفتاح لكلّ الأبواب المغلقة، وقضاء يشغل نور القلب الأوّل بضياء الفؤاد الآخر، فيفعمه غبطةً وسرورًا، وكذلك يُلقي أقاليم مناخه على من حوله فتحيا به الأرواح، وها هي جميلتي الحسناء أبهى وأشدّ تأثيرًا في ذاتي، حتّى كأنَّ الله لا يجعلني أبتسم إلّا في الإنصات لحروفها الرّبّانية البليغة الكامنة في خمسة أحرف من الإعجاز: {لمياء}. أسمعت؟ لمياء هي إذن.

كانت هذه أوّل رسالة أبعثتها إليها، وليست هي الأخيرة، وبالرغم من أنَّها تحمل بلاغةً بسيطةً وسهلةً ويسيرةً على جميع القرّاء، فأنَّها ظلّتْ أحبَّ الرسائل إليّ وإليها، حتّى ذيّلها شاعر الجزائر البليديّ بآخر بيت منشدًا:

إنَّ الزمانَ الذي بالقرب أضحكنا   هو الزمان الذي بالبعد أبكانا

يبادلني بسره هامسًا:

لله ما ألطف ظلالها وهي تسير أمامها من هنا، أو تمشي خلفها من هناك، هادئة رقيقة تذكو عليها النسمات العطرة الفوّاحة بعنبر ومسك وعبير من حورية الجنة _ صاحبة الجسد الممشوق _ وقد ذهلتُ حينما رأيتُ تلك الظلال والأطياف تتبختر على مهلٍ في أدب وحياء، عند نجمة البحار والسماء، وكأنّما حملتُ إليها رسالة الهناء التي تحتوي على قُبلةٍ لذيذةٍ مطبوعةٍ على جبينها، والتي تتوهّج في كياني بنارٍ سارية على فؤادي حاملة لاسمين: الغيرةُ وأختُها.

ولله ما أنقى عنصر التمليق[7] حين يجاوز مركب الغزل المطلول بلفحةٍ من زفيرها الفردوسيّ، إذْ طرأ على بالي وخيالي وشهيقي بغزارة الأمطار الساقطة من قطن السماء، وزمهرتُ في اعتقاب الطفل إذْ أمسك لُعبته المفضّلة، وكأنَّ بين يديه الصغيرتين ذهبٌ خالصٌ من الشوائب، وما هو خالصٌ إلّا من الحقد والحسد.

وبالله ما أطهر حُسنها الفتّان الذي يتنسم على الريح اللينة الهبوب في موسم الجمال، كأنّما الجمالُ فيها دورة من غسيل الحسن بالحسن، أو بفتنة أشدّ من الاستكانة بمعالمها وأوزانها المستقيمة بين علم الحكمة وعلم الطبائع، وما علم الحكمة إلّا ما أنزل رّبنا عليه الحكمة بالموعظة الحسنة، وما علم الطبائع إلّا صفحة من سريرة النفس المخطوطة على هامش الكتاب الإنسانيّ، وأعتبرُ ذلك مزيجًا من أرزاق الله التي وهبها لكل فرد يحيا بالأمل والتفاؤل على سطح الكرة الأرضية. وأخطبُ باسم النخبة في علوم الأدب العربيّ خطابًا بالأعين وما يناجي العيون من مهرجان الحياة إلى مسرح المرآة إلى سحر الشفاه، وأُقبّلُ عينيها مرارًا وتكرارًا، ثُمَّ أذوب فيهما جيئةً وذهابًا، وكلّما تعانقت نظرتي بعينيها نفذ منها أشعة الحبّ وميض الإعجاب، وأقحوان يموج في الهواء ليضمّ طيف اللهب[8] المشتعل داخل القلب في ثياب لغسق أحمر[9].

وبعدُ... أُريدُها لا تبصرني ولا أبصرها، وما من شيء حولنا يسمعنا إلّا دقّات قلبي ورنّات فؤادها، حتّى يبلغا مدى الإنصات في موسيقى الهُيام ببعضهما بعضًا.

---

8 المقصود من (طيف اللهب): أي طيف الحبّ وروحه.
9 في ثياب لغسق أحمر: كناية عن جسد الإنسان.

وفي ذات يوم تبسّمتْ لي كما تبسم النحلة على الوردة بكلّ ما تملك من رحيق تجمع فيه فطرتها الطيّبة وعملها الحسن، وصارت لمياءُ هي النحلةُ التي تلذع القلب بالوهم وتطعمه السهم، وكان فيما بينهما ينبوع يتفجّر من حسنها، ويروح على خليّة تجمع فيها عسلها ومعسولها. فمن يتحدّث لشخصية وقرت فيها أخلاقها قبل جمالها؟! وما الجمال غير نعمة من الله، وما الأخلاق سوى جنّة الأرض وروض التراب، إذْ للمرأة المسلمة صفحات الحرّيّة الكاملة، وآيات العفّة والطهارة الكامنة في القرآن الكريم؛ فالمرأة المسلمة هي التي تُكثر من الاحتشام حتّى الحجاب، وتُكبّر كلّ ليلة وتسبّح كلّ صبح لإجلال ربّ السحاب، ولا تنسَ صلواتها حتّى في الكتاب، تلك هي المرأة المسلمة يا مَنْ تتناسى العقاب بالثواب، ويا من تتناسى الحرّيّة بالتحرّر، كما تتناسى الذكرى باليوم، لتنشد القوافي مترنمةً:

يـا مَنْ على القـرب ينـسـانا ونخلدهُ

لـسوف تـخـلـدنا عامًا وننساكا

فهل لنا في البعد أنْ ننساكا؟؟!!.

دمـعتـان عـلـى الـفـراق

يفصل لنا من دمعات فراقه باكيًا:

حان وقت الوداع الصامت بنظرة ثُلقي التحيّة على الحبيبة، وبرسالة خالدة من تاريخ حبّها، وبابتسامة تعلن السلام على روحها، وبدمعة تصرّح بالأنين من أجل فراقها، وأصبحتُ ذا همّة فاترة متجرّعة بعلقم البؤس، ومرحّبة بالضيق واليأس، إذْ تلمّظتُ عليها بعض شؤون حياتها بعدما فتّت البَيْنُ[10] وقلبي ما تفتّت، وجلستُ وقتذاك محزون الفكرة، ومشلول الحركة، ومريض الهمّة، مليئًا بالخواطر المبعثرة، والأشعار العربيّة الفصيحة، والقصص الغريبة الحزينة، فأشدّ على ما برق من خواطر وأشعار وقصص حينًا بعد حين. وشهد الله أنَّني لا أعلم ما فعلته إلّا من طهارة الحبّ وعفّة الغرام ودم الهُيام المكبوت لها، والمكنون بمناجاتها، إذْ بعثت إليها كلمات صغيرة تكشف عن مجموعها الثانويّ الكبير الذي وقع فيما بعد التسعين بقليل.

وهربتْ منّي ثُمَّ هربت، وبالله ما هربت من مخيّلتي إلّا تراءت صورتها إليّ، وآنست بيدٍ حانيةٍ عليّ، وصدرٍ مفعم بألوان العطف والدفء والاطمئنان يمدّني بحياة فوق الحياة، وقالت ليّ بعينيها: حبيبي. فأجاب كياني قبل لساني بأنشودة اللام من لمياء، ووقفتُ عند الهمزة الأخيرة، ثُمَّ رحتُ أردّد اسمها في مناحي الأرض. وبات ظلّها يؤنسني على الدوام بالحنان تارةً، وبالحنين إلى صاحبته تارةً أخرى، وقلّما أنفر منّي صدى ظلّها، وحينئذٍ تنفر منّي روحي، فمهلًا أيّها الصدى اللطيف أريد أنْ أعيش.

وأمّا عن أحلامي فلا يختلف عنها الكوابيس إلّا في مجيئها يتلّون ويتغيّر الحلم، وهي كالطاوس الذي يفتح جنّة ألوانه وطيف عنانه لمعاني الخوف والملل، فتتبدّل تلك المعاني إلى الذهول والانبهار لدى امتزاج الجمال الذي طبعه الله عليها في قُبلة الخُلق.

وما زاد جزل الكلام على تمرّدها فحسب، بل زاد على ميلها وطيشها ولهوها، حتّى تذأّبتْ آنًا فآنا، وتحوّلت من لمياء إلى ورهاء[11]، ولم تلبثْ على تحقيق وثيقة الحبّ إلّا وقد رمت اسمي بعيدًا عنها وعن وثيقتها، ولم تنلْ شرف الحديث إلّا وقد وثبت على

---

[11] ورهاء: حمقاء.

تلفيقه والافتراء عليه وتأويل بيانه، كما لفّق وافترى أدباء و كتّاب عصر الرافعي[12] عليه، ذلك حين أبصرت افتراء الكاذبين، وخداع المنافقين، وَفِرْية السلاطين، وكذلك نصبح مظاليم القرون من الحبيبات ومصائبهنَّ، ونكتب كتابًا يحوى فلسفة الحبّ والجمال والغزل من أوهام الحبيبة، وكأنَّ الوهم فيها صورة من الخيال اللازم عند ملاوة عاشقها، كالقمر وهو مثيل لصورة من الليل الملازم لطلاوة عاشقيه، ثُمَّ نخطُّ لحضارتها وللتاريخ معًا، ونبقى على عهد ذلك الرقم الخارج عن قانون الأدب العربيّ، إذْ خروجنا من الأرقام بين الضلال والإيمان، فالرافعي كألف الألف، وأنا كالصفر، فهو حقّق الواحد الموضوع بجانب الأصفار، وكان ذلك هو هو الرافعي وذاته، أمّا عنّي فأنا ليس كأعداد الزمان والدهور إلّا وصرتُ بين الإيجاب والسلب؛ أي لا كاتب بالموجب ولا شاعر بالسالب، كالبحر يصبح ويمسي على الجزر والمدّ، ولا ينحدر عن مخلوقاته إلّا وهو مجدّد نفسه بنفسه، ونحن لا نقيس عمره بتاريخ ميلاده أو وفاته، كذلك الحبّ في أعماق نفسي وفي ذات أعماقي

يفيض كمياه المحيطات والبحار والأنهار على شخصيّة واحدة، ومن ثَمَّ يغمرها بالسخونة أو البرودة ليدفئها أو ليداعبها.

ولولا موت البشر جميعًا لعاش الحبّ دهورًا وفترات دامت إلى ما لا نهاية العالم والقيامة معًا، ولَعَمري وعمر لحد موتي وقبر نهايتي، لو لم يضع الله على جسدي الدود، وبالأخص على هاتيك الاسم المنحوت على قلبي، لأوصيتُ مَنْ يحفروا حفرتي الأبديّة أنْ يقطعوا جسدي حتَّى القلب، وليأخذوه ويقدّموه هدية إليها.

وأخيرًا هنّأها القلب وهنّأته، وضمّها وضمّته على ضفاف نبضاته المعدومة، وحفرت عليه بقلمها: مجنون أحبّني فاستشهد في حبّه ليحيا قلبه.

وبعدُ... لقد احتفظتُ لمياء بقلبي حتَّى ماتت، وهي لم تمت، لأنَّ قلبي نبض من أجلها فأحياها بأمر الله وحوله مع مَنْ تحب، وآهٍ ممّن تحبّهم فأنا أحبّهم أيضًا، سواء من أهلها، أم من أصحابها، أم من معارفها، حتَّى أطفالها وزوجها هويتهم كما تهواهم هي، بالرغم من أنَّني كنتُ في انتظار أطفالها. أجل... لقد عشقتُهم مثلها تمامًا، وبخاصّة ذلك الزوج الذي يفرحها ويسعدها ويهوّن عليها

أحزانها وهمومها، فهو عاهدني أن يضعها في عينيه الاثنتين، وأنْ يلزّها إلى أحضان قلبه كلّ هُنيهة، وأنْ يصونها مصانة الحجاب لصاحبته، ولو تفرّع قلبي قليلًا، لأعطيته من عمري كثيرًا، فاعذرني أيّها الزوج، فهي أثمن ما عندي من بين البشر، ولهذا السبب وفقط أحببتكم جميعًا.

ورأيت فيما يرى الحالم لمياء تسألني في إلحاح مفرط قائلةً: لماذا أطلقتَ على هذا الفصل (دمعتان على الفراق)؟. فلبّيتُ سؤالها قائلًا: لأنَّ الدمعة الأولى انسكبت على حرقة الشتات بيني وبينك، فرُبَّ دمعةٍ تحيي أمّة، ثُمَّ عمّ السكون والهدوء قليلًا قليلًا، فعادت بابتسامة من الجنة فيها سؤال آخر، وكرّرته أكثر من مرّة قائلةً: وماذا عن الدمعة الثانية؟. وماذا عن الدمعة الثانية؟. فقهقهتُ كما يقهقه صاحب الأيّام[13] مجاوبًا: هي دمعةُ الغبطة المسرورة التي تطفو على ثغرك البسّام.

---

[13] صاحب (الأيّام): الأستاذ الدكتور - عميد الأدب العربي - طه حسين.

أيُّها القمر الجميل

يغازلها بالقمر الجميل مستعجبًا:

جلستُ في ليلة أتأمّل نور القمر و ضياء نواحي الظلام، فما بي إلّا أنْ رأيت معجزة من معجزات الله في أرضه، ولا تزال تلك المعجزة من أسرار الأقمار في سماواتها، وها هي ذي في هذا الليل تُجمع بالأجماع، فلا يصحّ للقمر جمعٌ أبدًا، إذنْ ألم يصحّ له المثنّى!. فلا نصيب في الثانية، كما أخطأنا في الأولى، فإذا بالقمر ينحدر شيئًا فشيئًا عن مدراه ليبادلني بسرّه، وليحدّثني بحديثه، ولأبثّه بكلامي ما يهون على اليائس في يأسه، ولن أتذكّر منه أيّ كلمة إلّا الوداع، فما برحتُ إلّا بمناجاته كاتبًا:

أيُّها القمر الجميل، هل نظرتْ تلك الغادة نظرتي إليكَ في ظلام حالك؟. ووقعتْ عيناها على جمالك المستعار من وجهها، وملأتْ قرصَك لذّةً وفرحًا، وسرورًا ومرحًا، وتناجيك وهي لا تعلم كم ناجيتُك باسمها، وأنا أبصرُكَ فأراها بين دائرتك المنيرة، فإذا بحروفها مزهرة بداخلك، فهل لكَ أنْ تحدّثها عنّي وتكشف لها مكان

وجودي في قلبك الفلكيّ، وقد مزّق الزمان ما بيني وبينها إلى الأبد، فأرجو منك يا عزيزي أنْ تبيّن الشوق لتلك الآنسة، وأنْ تجعلها راجعة راضية برونق معادلتي إليها، وأنْ تمحوَ السمَّ بالترياق وتعالجها بذرة حبّي لروحها، وأنْ تعلّمها التفاعلات الكيميائية بالفهم والحفظ؛ لتعلم كم من انفجارات كيماوية داخل جسدي تنجب غرامها، ولا تنسَ أيُّها القمر أنْ تطرح بذورًا في تربة دمي، لأزرع لكَ خضروات غرامي، وفاكهة هُيامي، ثُمَّ نلقي معًا قصيدة من جناس فمي، ثُمَّ آخذ من بعضها فنًّا وأرجع إليك بعضها لحنًا، كالراسم يرى في لوحاته موسيقى لفرشاته ونغمات لألوانه.

أيُّها القمر الجميل، في قلبي الآن نورٌ من نصفك وضياءٌ من نصفها، كأنَّني واقف أمام مرآة سحرية من زجاج أبيض صافٍ يشع بلونه ثلاثة ألوان:

الأول: أنتَ ونصفها.

والثاني: أنتَ وظلّها.

والثالث: هي بلحمها.

فإذا طاف اليوم بعد اليوم بعدد الأيّام، وانصبغت الأشهر بحُلى حُلُمٍ من خيال الأحلام، وأشَعَّ فيك النور ثُمَّ نَوَّر ما شاء الله لكَ من مدادها، لكانت الشمس أوْلى بها منك، ولانقشعت وراء أصلك المعروف لنا بالسواد والظلمة، وإذا استعرضت نبع ابتساماتك الشهريّة بتحقيق العين وبتدقيق بدرك الطالع، كذاك الطفل الذي يسأل عنكَ في حيرة وإعجاب: من هذا؟. ومن هذه؟.

وتكاد الإجابة تستطير عن ذهن الفاهم يمينًا وشمالًا حتَّى تبرق السماء برعدها وبرقها، وكأنَّ اللهَ أخفى سماءً أخرى تهبط من الأعالي بكراتٍ من الثلوج، وهي ملاكٌ قائم فيها، تحمل بروحها المقدّسة كافتين: سماء الثلوج وأنتَ أيُّها القمر. وإنّي لجالس في كبد الليل أبسط إعجازك لذاك الطفل على بحر البسيط، فإذْ هو بإزاء شعلة من لهب الشعر وفتيلة الضاد، وقد افترّ في دهشةٍ المعاني وحضرة الكلمات العميقة عمقًا مخبوءً في وصف الجمال، إلى أن يقف الحُسْنُ عند الأجمل منه حُسْنًا، كأنَّ لميتي هي السحابة التي تمتزج وتتخالط ضبابًا في ضباب، فظهرت كإحدى عذارى الجنّة من عذريّة الجنان، وانغمست في السماء بحنين على حنان، فولّاها الله على قمر يتقلّب بتوالي الشهور القمريّة، تتنفّس على

عتمته الحزينة، فيأتي لونه بشيء من زفيرها، ويجيء لمعانه بشيء من شهيقها، ويسطع كلّه بشيء من بعضها.

وفي نهاية الشرح المبسّط علم الطفل بأنَّ القمر هو لمياء، ولمياء هي القمرُ.

مـنـى و سلام

يتمنّى لها كلّ الخير، ويلقي عليها أطيب السلام بادئًا:

إنَّ ما يتفاعل في نفسي من نبأ عظيم لمعشوقتي البهيجة، أو وصف كريم للمياء السعيدة، أو حبّ عليم بما يقطر القلم على ورقتي البيضاء من سواد نفورها وهجرها. صار كلّ ذلك يروح ويأتي في عقلي، كما يروح البرد القارس بالنَّدى حينًا، ويأتي بالأمطار أحيانًا أخرى، ويغسل الورود والنباتات والأعشاب بضمير ورونق. ولو شاء ربّك لغسل قلوب البشر بالإنسانيّة المحمودة التي تطلّ على ستائر الأنعام، وسرائر الكرام، وسنابل السلام.

أحببتُها حبًّا لامعًا كنجوم السماء في السماء، ولو وصلت بمقياس حبّي لها، لأوشكت أنْ تصل إلى ما بعد منزلة الملائكة والرسل والأنبياء. وتشعر حينما تلمحها بنظرة خاطفة في خلسة من الثواني بأنَّ روحكَ أفرغت في دمها إفراغًا، ولقد رأيتَ الموت وهي تُحييكَ، وما زالت تُحيي حواسّك ونبضك وحبّك، وتتوقّد فيك

بين الدقيقة والدقيقة، وكأنّها صلاة للقلب في محراب الهوى، فاستنارت بالمعقول الممكن المرئيّ في عاطفتها إلى اللا معقول المستحيل غير المرئيّ في عاصفتها.

وكلّ حبيبة في عقل صاحبها كالإنسان وظلّه: في الإنسان الحقائق كلّها، مادام في الظلّ الوهم نصفه.

يغيب الحبُّ يا حبيبتي عن ثلاث: الحاقدة، والحاسدة، والكارهة، فإذا سار فيك الحقد قتلَ فيكِ أنوثتَكِ، وإذا غلب عليك الحسد مرّة دفنْتِ طبيعتَكِ، وإذا حَضَّ فؤادَكِ على الكره سُفِكَتْ إنسانيتِكِ، وهٰأنذا الشاعر المجهول الذي لا ينسى شيئًا كتبه، ولا شيئًا سجّله، إذِ الحياة فيَّ أرزاق تتناثر ثُمَّ تنسجم بمشاعري، وأنا في الحياة قلب يتّصل اتّصاله بالموجود، كما تتّصل روحه بالمعدوم، ولكنَّ ديواني يحمل ما يحمل من بحور الرثائيّات، وأوزان المناسبات، وقوافي الاجتماعيّات؛ ليحيط إحاطة شاملة بكلّ الأبعاد، وهكذا كان ديوان المؤمنيّات يمضي عليّ بعين الحاضر وبعين الماضي.

وها هي ذي روحها ناعمةً رقيقةً تأخذ القلب بما يَلَذُّ، دمًا إلى دمٍ، وتأخذ القُبلة بما تشتهي، فمًا إلى فمٍ، ولمعت لمعانَ بساط

السحر في السماء، فما هي بنجمة ولا هي بأنجم، وإنَّما هي سرّ من أسرار سماء فوق سماء، مخضّبة بحنّاء على حنّاء، مضيئة ضياء الشعلة المتوهّجة التي لا تخبو من سطوعها ليلًا ونهارًا، وليست روحها إلّا جمالًا يرفع الفكر من أفق الحكايات إلى أفق الروايات، ثُمَّ يهطل آفاقًا من حقائق جميلة تغشى ألوانًا من ثغرها الورديّ، فتملؤهُ بالأطياف السبع طلاقةً وابتسامًا، وتقتل زفرة الباكى قتلًا عنيفًا، حتَّى تجفَّ الأدمع كالصحراء الجرداء اليابسة، فإمّا انتهت الأحزان إلى حيث تموت الدمعة على أسفل الدمعة، وإمّا ترامت الأفراح من أعالي البهجة إلى أعلى بهجة.

ووجهها، وآهِ من وجهها! فهو ناضرٌ لم يفرغ على كلّ شيء روعة حسنه فحسب، بل يُلقي على كلّ من حوله لمعان نورهِ، كأنَّ فيه شيئًا بديعًا لم يكن مبدعُ إلّا أبدع، أو كأنَّ شفتيها خمر الكلام بحديثها، فما هو إلّا أنْ تحدّثها حتَّى تشربك كأسًا من النبيذ الأحمر، وفيها نشوة السكران للجمال، كما فيها عشق الشاعر للخيال، فما ذهبتَ عن يمين وعن شمال في مرآتها إلّا هويتها أو احتسيتها، فحذارِ حذارِ منها أيُّها الناظر المنتظر، وحذارِ من عينيها الخاطفة

لقلب الرائي إذا امتلأت بالنجوى والهوى لحاورتك قائلةً: هٰأنا ذي الحبّ الممكن، وما أجابتك حينذاك إلّا بفطرة ذليلة: فها هو أمكن.

ولا يعلم صاحبنا ما يختم به الأحداث إلّا حينما قال: النهاية في البدايه بداية..!!

أيَّـتها الجـاهلـة

يسأله أحد الجالسين عن لُغة صاحبته فيغضب قائلًا:

ما برحتُ أحسب فيما حسبتُ من بلاغة الحبيبة وميزان لُغتها بين رياح النوى، وجرام عمرها بين مقياس الهوى، وفيها أجواء لعاصفة العسر فزادتها عسرًا فيسرًا، وسماتها تُثْرِبُ القلب شربًا حتّى يرتوى. وأنَّ البئرَ لا يزال قريبًا منّا، وأنَّ دلو الاشتياق يرتجف بالبعد في لفظين: لفظ الحاء ولفظ الباء، وما أجد في اللفظين إلّا حرفَيَّ يسعيان لاتّصال كلمة قلب إلى معنى قلب، وتبعث بالمعاني والكلمات بيانًا ساطعًا كالشمس في مادّة النفس، ولكنّها كالشمس تكتب بأشعّتها روح الألوهيّة للطبيعة، وتقرأ مجموعة لتنهّدات الخليقة، وهي لا تفهم الآمال، ولا تعي الآلام، لذلك كانت جمادًا من إبداع ربّ البلاد!!.

ولقد رأيت بأمّ عيني حقيقة الإنسانية المتجمّدة في قلبها الشماليّ المعزول بجانب القطب الأرضيّ، فويل يومئذٍ لأهلها من هلاك شاعرها بين غطرسة نارها، وسفور جحيمها، ودلال

بركانها. وماداموا جميعًا يخفقون بتنازع الطرف الأقوى ومعادلة البقاء، فكانت هي الأقوى للخلود المؤقَّت الذي ليس به ضعف، فإنْ لم يكن طالعًا إلى عملقة القوى، كان بلا ريب هابطًا إلى نقص الضعف.

والقوى هي أداة في الحياة يا لميتي، والحياة هي الفرع الرئيسُ من فروع القوى (للموجودات)، يمنحها الله للعطف على الفقراء، ولمساعدة الضعفاء، ولإكرام المساكين واليتامى، فإذا لم تقترن بالعطف صارت يَدَيْنِ للافتراء وقدمَيْنِ للبلاء على صاحبها، وإذا لم تقم على المساعدة باتت خالية من عظمتها، وإذا لم تُكرِمَ لن تُكرَمَ، فهي كالجيش، وغايته المحتومة على ذلك السلام لا على هذا الاستسلام، والجيوش بُنيثْ على أساس الأمن وحماية كلّ شبر من التراب لا على أساس الفوضى وإعداد الخراب، ومن هنا يوجد خيط رفيعٌ يرتبط بقوّة المرأة وحنانها، فلو اختفى الحنان منها لاختفى بها، وَلَنُبِذَتْ مذمومة من جنسها، وهذا الخيط كان... وآهِ منها يا مكان... كان هنا[14].

---

[14] الرسالة الأولى والأخيرة لصاحبته وهي في فصل من الفصول السابقة تحت عنوان (إليكِ يا وردتي).

وتالله يا رسالتي إنَّ في تدوينك بريشتي هذا لَلْحُبُّ كل الحبّ، فبلاغتك كآذان الفجر يصحو إليها المؤمن والمؤمنة، وتنام على وسادتها تلك المغرورة الخرساء التي لا تردّ على نهضة الإيمان، والتي لا تجيب على نهضة البيان، وأنتِ يا رسالتي فوق بلاغة البلغاء، يوم تكوني للرسائل كالقمر، ويوم تُمسى للعشاق كالبدر، وبرهان نورك ذلك النور الحيّ الذي تضوّأ بسطرك وتوضّأ على فهمك أتمّ الفهم للطهارة القلبيّة.

وأنتِ يا من بعثتُ إليها جواب حبّي مع إهداء تحيّات قلبي، وتسعًا وتسعين قُبلة من فمي، لأترك إليك المئة في عنوان. لماذا لم تأخذي الحبَّ هبةً من تصوّف القلب؟. لماذا لم تشعري باستمداد روحَينا عند جِناس العين للعين؟. لماذا فلسفة الحبّ لا تتفلسف إلّا في مسارِ طباق الروح للروح؟. أتدرينَ لماذا أو تعلمينَ ما في لماذا من ماذا؟. لأنَّكِ أنتِ يا (ل....ج....ه....إ...د) القلب والعين والروح، بل ما تزالينَ تأخذينَ كلّ ذلك في كلمة [هات]، وتنسين مقوّمات القصيدة في كلمة [خُذْ] وأخوالها: من هَمٍّ وألم و وجد وَ وَصَب وتعب، وأكملتِ عليهم بمعجم لا يعني لنا لغةً، ولا ندرك منه شيئًا، ولولا أنَّك التي كتبتِ هذا المعجم لَمَا كان معجمًا، وهو مسطَّر

بحروف أجنبية تُقرأ بالعربية، ويا لها من سخرية وجهل في كلتا اللغتين على حدّة، وأنتِ في معاجم النساء امرأة جاهلة الأصل في العربية سواء عامّية أو فصيحة، جاهلة للثقافة الأوروبيّة والأجنبيّة معًا.

صـرخـة قـلـم

قلمه شغوفًا بحبّها صارخًا:

أتعلم لَمى الفاتنه مَنْ عسى أن يكون لها زوجًا، وإنْ علمتْ، فهل يا تُرى سوف تصبح مستيقنة بمعاني الحبّ!، كما يحقّقه ذاك الزوج في نفسه، وهي هي التي يُلقي عليها التلاقي ابتسامة، وهي هي التي يذرف عليها الفراق دمعة، ويتَّخذ الكلام من حسنها إشارات وهمسات، ولا يقابلها الموعد أينما ذهبت للقاء إلّا بلهفة أو حرقة. ودلفتِ بغدواتِكِ وروحاتِكِ إلى بسمة قلبي دلفًا سريعًا مهرولًا على طريق الدماء، وتلقَّيتُ منكِ تحيّة الرأس والعين والرمش في أدب وفتور، وقدّسْتُ شَعرك المنسوج فوق هيكل حسنك، وغرقتُ في نهر لقاكِ ومحيط رؤاكِ، وحمدتُ الله حمدًا كثيرًا طيّبًا مباركًا من عظمة طلعتك، وصفاء أنوثتك، وفيض من كوكب آخر منهمر على نضارة شبابك، وكان اسمه على اسمك، وينطق بلسانك قائلًا: أنا كوكب الحسناء وأميرتي هي لمياء.

إنَّ لغة العاشق المؤمن هي اللغة الوحيدة التي تشهق بقلوب سعيدة لِمُصانة شيئًا منها، على حجمه المتفلسف بالكِبر والاستهزاء من أكدار الدنيا وهموم الحياة، حتّى يتجرّع الصبر شيئًا فشيئًا من نهر الحبّ وهو ظمآن، فتحترق داخله نيران الأشواق المجهودة التي تبحث عن معشوقته، وتبترد داخله الأحزان المشتعلة بين لهب الرؤيا ولهب اللقاء، وتصغر في عينيه جميع ما يقع له من مشكلات، أو ما سيقع له من مصائب، فيخرج من كلّ ذلك على حقيقة فريدة من نوعها وشكلها وحجمها، وهذه في ثلاث لُغات يُعِدُّها أهلُ العلم والفلسفة نكرةً من تعريفها، لأنّها جميعًا تأتي بالسعادة، إذْ تكسو السعادة ألفاظًا من لغة الحساب، صارت لهم كثياب الأعياد التي هي حفلات الزفاف المتّصلة بالروح، أو حفلات القلب الراقص داخل جسد العاشق إذْ تَبين غادته لمدّة حول كامل، لقال لك هذا المجنون: أنا الحيُّ الذي لم يحيا بعدُ. ليت شعري!. ماذا يريد ذلك الأخرق الغبيّ؟. أيريد أنْ يعشق إنسانة واحدة ويعيش ويعيش لذكراها؟. وهل يظنّ أنّها سوف تقبل بذلك؟. أوَليس هي التي هجرت جنّته إلى مقبرة الصمت؟. أوَليس هي تلك المرأة التي تشتري سعادتها بحزنه وبؤسه؟. وإذا فعلت فلها عمري،

وَلأمُتِ الآن قبل غدٍ، ليحيا تاريخ امرئٍ عرف قدر حبّه في لفظ قبر الأوفياء.

وإنّي لأسألك وأنا عليم بالإجابات بعد الله، أيّةُ مكانة للهوى بلا ثقة، أيّةُ روح للقُبلة بلا إيمان، أيّة حبّ للهبة الزوجيّة الكامنة إنْ لم تعانق قلب النفس، وإخلاص النيّة، وسلامة الفكر والضمير والعهد؟! فأعمق أعماق الحبّ الصحيح الفصيح اقتران الصدق والثقة بوديعة الودّ، فإنْ تضاربت الأمور بيننا حول الوديعة كان الفراق آنذاك هو خير الافتراق.

ومِنْ أين يحبُّ المتحابّان إذا كان فراقهما ناموس جديد لحقيقة الإخلاص والولاء، ذُلك لأنَّ الناموس لم يعد تحت سيطرة طبيعته، بل صار علامة من علامات الألم، أو همسة من همسات الأمل. فالحبُّ لا يعني أبدًا أن تكون مع من تحبّ، بل الحبُّ يعني سعادة مَنْ تحب مع مَن اختارته الأقدار لها هي، فليس كلّ ما نحبّه يأتي، وإنَّما كلّ ما يأتي يجب علينا القناعة بهِ مهما كان الثّمن.

ألا ويحكِ أيَّتها الآنسة الجبانة من نكران العهد والتكذيب بالوعد، وذلك النكران وهذا التكذيب كانا من أسباب صرخات متعدّدة أليمة، وكأنَّ كل صرخة نَلِمُ بصوتها هي صرخة قلب جديد

مولود من قلب، والقلب الجديد يعيش ليموت، والمولود منه يموت ليولَد من جديد، وتلك الحكمة هي الوسيلة الوحيدة لحقّ الإنسانيّة بخيرها وشرّها، وتضارع في نظامها علوم اللغة بكلّ حروفها وبكلّ أبياتها.

وكلُّ حرف أبدعته في فصولكِ مستمدٌ من صداكِ، وكلُّ بيت كتبته إليكِ مندمجٌ في هواكِ.

ما قاله صاحبنا إليها وردّت عليه:

وكتبتُ إليها ما كتبته من قبل ومن بعد، والقول في مقام المقالة كالفاتحة على مقام ذلك المقبور الحيّ، وكانت محادثة أقرب إلى فنّ الرسائل، فأجابت علينا بكلماتها الأجنبيّة التي تُقرأ بالعربيّة، وكأنّما اللُّغات بحروفها ونطقها وأسمائها إعجازٌ فارغ بين لُغة لَمَى المعجزة تحت فراغ مهزول دامس، ونزعم بأنَّها لُغة لمياء ابنة الثالثة عشر من يومها، أو أمّ لسبعة أطفال على فراش موتها، أو أخت لتاريخ ميلادها الذي وصف فيه الواصف مجيء المفتون الذي فُتِنَ بفاتنة، وكان الواصفُ اللقاء، والمفتون هو أنا، والفاتنة هي أنتِ يا لميتي.

وهذا الفصل على العموم يضمّ ما قالته لي في إيجاز بليغ يحتفل بشخصها، وأنا الذي أخطُّ، ثُمَّ أنقّح ما سطَّرته، ثم أقصُّ مجموعتي على كلّ ما قيل في وصفها، وجميع ما قيل في وصفها، فهو منها وكذلك إليها.

وأهل الأدب والثقافة يتحدّثون عن نِتاج اللغة بين حبكتها وسردها، والشعر عند وزنه وقافيته، وعناصر المسرحيّة أو عناصر لكذا وكذا[15]، وهم دومًا ينطقون بحكمهم الشهيرة كقولهم [[[ما تكرّر تقرّر]]]، وكذلك لو أبصر واحد فيهم جمال لمياء لقال [[[ما تجمّل اكتمل]]]، وهكذا صار الجمال بين حبكة النظرة ونظرة الحبكة سردًا ينفذ منه شعاع المهجتين إلى مرايا العينين؛ فتظهر قافية للحروف الأبجديّة العربيّة على أوزان المعلّقات السبع، ولكنّنا أفصحنا عنها بأوزان {{معلّقات القلب}}، وعناصر المعلّقة الفريدة من نوعها في بحورها وتقطيعها وأبياتها، هي عناصر النظرة الفريدة من دليلها في ميلها وخجلها ودلالها، ومن هنا أضحى التكرار في سماء هيئتها، ومن هناك استقرَّ الفؤاد في دماء شخصيّتها.

ومعركة المحاورة دامت بيننا سبعة أيّام فقط، جاؤوا على عدد المعلّقات والسمٰوات وسنة ميلادها، فلا أحكيها ولا أسجّلها ولا أقصّها ولا أرويها عليكم إلّا في حلقات شعريّة آتية لا محالة، وقبل الحلقات الشعريّة موجزٌ بشخصية لَمَى، فهي كانت دائمة

الشكر بالفرنسيّة، تستحلفني في كثير من مناقشاتنا بلفظ الجلالة الذي يسري على ألسنة جميع المصريّين، واللهِ حدث، أو واللهِ لم يحدث، وكلامها مليء بالمجاملات وعليه مآخذ عدّة: كعدم تقديم مشيئة الله، وعدم تذكيري بعهد دراستنا في المدرسة الفاروقيّة، وأعظم بحلمها الذي لم يتحقق بعد في الإذاعه، أو في التلفاز، أو في الإعلام، كانت هي تلك الآنسة، وتلك الآنسة كانت هي لمياء، وها هو شِعرنا يقترب رويدًا رويدا؛ لنسمع آثار تراثنا المعطوفة على عواطفنا فقلت:

أبا لمياء دلفت بحبّي إليكَ..

و استقر قلبي بين راحتيكَ..

فلا ترد حبّي وهو مخذولُ..

ولا تأس على قلبي وهو مشلولُ..

وليّ قلبان بمنزل لماء..

فالأول عاشق والعشق منصورُ..

والثاني فاعل والفعل مصهورُ..

أتجعلَ النرد يلعب على شيبتكَ؟!..

أتتركَ العطف في وكر خيبتكَ؟!..

أتهجر الحنان من نبض ابنتكَ؟!..

فلا لا راح فكركَ..

ولا لا جنت عقولُ..

* * * * *

أجبني أبا لمياء أجبني

أجبني عن نفحات الصالحينْ..

أجبني من أرواح المالكينْ..

أجبني عند أبياتي للعابرينْ..

أجبني بين تاريخ الفاتحينْ..

لا تهجر عزيز..

لا تترك حبيب..

لا تجعل كلّ حبّ دفينْ..

* * * * * *

أجبني أبا اللمى أجبني..

أجبني؟!..

أفوق الهوى ألف عام من نغمْ..

أتحت السما ألف حبّ من نعمْ..

أفي وسط الصمت ألف صوت أطمْ..

فما برحتَ إلا مبتسم الأجواءْ..

وما لزمتَ إلا ملتزم الأهواءْ..

سلامُ عليك من ألف عهد للوفاءْ..

أجيبكَ أبا لميتي أجيبكَ..

أجيبكَ من سر في النفس أصيل..

أجيبكَ عند خيط الفجر وهو ظليل..

أجيبكَ وليس من جوابي سبيل..

أجيبكَ بأنَّ للحبّ مليار دليل..

لا منه بعض ضئيل..

ولا فيه دم بديل..

كلُّهُ تنزيل من تنزيل..

من نبي الفرقان و رسول الإنجيل.. [16]

قالت:

أيا صاحبي تبسم..

إنَّ بعد العسر الشديد ليـسرا..

---

[16] هذه القصيدة قديمة بالنسبة لقصائد الشاعر. ولعل صاحبنا كتبها في عام 2015 م .
وكذلك بقية النصوص الشعرية.

يا صاحبي تبسم..

إنَّ كيانك ليّ كمجنون ليلى..

أصاحبي تبسم..

إنَّ الشوق نهر سار عليه الهوى..

صاحبي صاحبي تبسم..

إنَّ في رسائلك سعادة وكأنَّها سعادة الورى..

وقالت أيضًا بعد شعرها الثجاج: كيف تراني في الشعر يا شاعري؟!.

قلت: أراكِ في كلّ وزن، وفي كلّ بحر، وفي كلّ قافية يا أنا.

قالت: وماذا تصفني حينما تراني؟.

قلت:

بيضاء ليلًا..تباري الشمس إذ طلعت كأنَّك الشمس بالأنوار والقمرُ

قالت: هذه أنا، وماذا عن الشعر وفلسفته؟.

قلتُ:

لَعَمرِكِ ما أراد الشعر حبًّا   إذا لم يبقْ أصله في الفؤادِ

قالت: أهكذا تفضّل الشعر على حبيبتك؟.

قلت: لا... بل هكذا أفضّل الحبيبة على الشعر وفلسفته.

قالت: إذَنْ، سأحدثّك لاحقًا يا شاعري.

قلتُ: لحظة... انتظري لحظة... هل يعني هذا انتهاء حديثنا؟.

قالت: بل هذا يعني أنْ تنام الليلة وفقط.

قلتُ في نفسي ولنفسي:

و كــأنَّ نبـضَ حـديثـهــا	ورْدٌ تـفـتـح مــزهــــرا
و الروح تحفظ روحـهــا	حتّـى الـوداع مـهاجـرا
و كــأنَّ ظــلَّ وجـــودهــا	ملكٌ تـمـثـل ســاحـرا
و دمــي سـرى بعـروقـها	وزهـا بها و تـبـخـتـرا
و الـقـلب ينبض عـندها	نبـض الحـنيـن تـأثـرا
و لـهــا الـقصائد أبـحرت	و مضت لتقطع أبـحرا
و لـهــا البـلاغـة أعـجـزت	و لها الـكـلام تبـعـثـرا
قـلـبي تبـسم ضـاحـكا	قد كان ـ قبل ـ مـحجرا
لمـست فـؤادي و المشـا	عر و الحـروف و أكـثـرا
حلـمـي تـضاحك ساميًا	و شعر المهدي تشطرا

مِــنْ كـلـمـاتها

من كلمات صاحبته:

(" اتفضل ، فعلًا ، أيوه ، ربنا يخليك على الكلام ده ، وأنا هبقا أرد عليك إنْ شاء الله ، مش عرفا ، لسها ، شيفا ، والله ما فكرا ، منا عرفا ، إيه ، طيب ،الله يبارك فيك ، غالبًا إعلام ، أدعُّ ليّ ، أ.د ، اللي كتبتلي الشعر ، القاهرة ، مين ، قلت أرد عليك ، لا ، أختي عرفا ، سلام ، ماما وأختي ، امبارح ، إخلاص ، أيوه فكراك ، لو حاجه تزعلني متقلش ، أخ وأختين ، لا ، منتا عارف أهو ، بتسألني ليه ، يا نهر أسود، ما خانك الأمين، ولكنك ائتمنت الخائن، صلوا عليه،، " وكان ﷺ بشوش الوجه، رائحته كالمسك ـ "صلوا عليه وسلموا تسليما ").

تلك كلمات صاحبتي الأولى، وهي الدليل اللُّغويّ الممزَّق الضعيف الركيك، ولكنَّني ذيَّلتها في آن، ووضعتها في آن آخر، لتكون رسائلها واضحة عميقة لا يفهمها إلّا كلينا، ولكي تجمع أيُّها القارىء الباحث تتمّة مقال {{{قال وقالت}}} يجب عليك أولًا:

بالفطنه والذكاء وحدّة التركيز، ثُمَّ بأخذ كلّ بيت وترتيبه على ما قاله لها وقالته مسبقًا، ثُمَّ سترى بعينيك حقيقة اثنين تحابّا من بعد بغضٍ، ثُمَّ تباغضا من بعد حبٍّ.

ولو وضعتَ ما كنّا نكتبه حرفًا حرفًا، لأدرك الناس حقيقتها، وأشاروا على لميتي الأصيلة وقالوا: هذه صاحبة الحديث، وأنا ليس بالواشي على الهوى، وليس بالمنافق في الحبِّ أبدًا، بل أنا البرعم الذي يتضوّع عطرًا، وسلي المحبّة والحرمان عنّي، سليهما يا عطري.

ما تذكره من رسائله:

لن أبعث لحبيبتي إلّا ما في إليكِ يا وردتي ورسالتها، وهُتان القصيدتان المخفيتان، وكنتُ أضع ثلاث قُبلات على رسائلي، تخرج كلّ قبلة من قلمي إلى وجنتَيها وناصيتها العريضة، وعلى هذا النحو قبّلتها بقلمي وقبّلتني بعينيها، وإنَّ في ذلك لرسالتين مجهولتين نقّحتهما بطريقتي، وكلّ ما أذكره منهما البداية وما عليهما من شعر:

إلى عزيزتي لمياء

****

في غربة الشوق

****

جميلة للعيون يا بصر عيني..
جميلة وأنتِ تؤثري كلّ بدني..

جميلة رسمتْ الكلمات من نحيبي..
جميلة كتبت الأشعار من برهة لهيبي..
جميلتي الحسناء هلّا جئت بلمياء؟!!..
وأيّ لمياء هي تلك اللمياء؟!!..

* * * * * * * * * *

هي وَرْدُ هي أرضُ هي قدري المجيبي..
هي عودُ هي لحنُ من نغمة ظلّي القريبِ..
لو أبصرتني ما عرفتْ لوني..
لو سمعتني ما أدركتْ سني..
لو حدثتني ما قرأتْ لساني..
إلا وهو يتمتمُ لميتي..لميتي..
أنا لا لا أريد سوى جنتي..

* * * * * * * * * *

ها قد هلت لمياء يا جميلتي الحسناء..
اللمياء وآه يا لمياء..
أنتِ شمس في دنيتي لن تغربي؟؟..
أنا الظلام وأنتِ بدري..

أنا آخر الليل وأنت فجري..

أنا أول الصباح وأنت شمسي..

أنا منتصف النهار وأنت نوري..

أنا شيء فيك وأنتِ الكل الذي فيّ..

* * * * * * * * *

أنتِ كلّ الحسن في غاية الجمال..

فليتكِ من حور الدارين نصيبي..

سأصون هوانا داخل حواسي..

وبجانب أجراس نبضي..

وبين كلمة حبيبي..

زينتيني يا زين القاهرة بأناملكِ..

وأنرت الكون بثغرك الرقيبِ..

أنتِ لؤلؤة من أعماق بحاري..

أم نجمة في ليلتي الأغرب من غريبِ..

وها فؤادي ينادي لوعتي..

ويناجي شغفكِ بودادي المذيبِ..

فلا ضحك للضاحكين.. يدوم على مرفأ بسمتي..

ولا قهقهة للواشين.. تعوم على سطح ضحكتي..

إلا بشحوبي من شحوبكِ من شحوبي..

مرحبًا لمياء..

وداعًا لميتي..

إلى اللقاء حبيبتي..

في غربة الشوق نلتقي..

* * * * * * * * * *

إلى طفلتي الغالية (لولو)

****

نغمات الحب

****

رحبتُ ترحيبًا بآنسة الوادي..

وتمتمتُ اسمك..

فهلمي هلمي لميعادي..

وأبعثي بخيوط النظرات كلامًا..

ولا تردي على أذني إلا إنشادي..

لا تكتمي الحب، فالنغمات من شوق..

ولا الربابة.. وفؤادك في حضن بلادي..

* * * * * * * *

أتذكرين..

أتذكري يا حبيبتي هل العين تكذب؟!..

وكيف يكذب الجفن من بؤرة تنادي..

وأنتِ في الشهر الفضيل صائمة..

وما استطيع الصوم من الحبّ الصادي..

* * * * * * * * *

تذكري..

تذكري قُبلة عيني لجسمكِ..

حتّى أحاطت بنوركِ الهادي..

وأرسلُ قُبلات الهوى لعطركِ..

ولقد أبهى الورد هواءك الغادي..

رفرف موعدنا بجناحين إلى زمن..

هل سبق يومي أم زال رشادي..

أيا حبيبتي من الهناء والجمال..

وأخت للدعاء والإيمان وأعيادي..

ذكـرى الـشـعـر في ميلادها

ذكرى ميلادها في قلب شعره:

وأنا ـ والله ـ يا شاعرتي وقفتُ في ليلة قاتمة تحت ظلام أسود، كأنَّه الفحم الذي هشَّتْ عليه النيران فأطفأته، وهو رماد أسود أشدّ ظلمةً وعتمةً وانغلاقًا من نور قمر الحبيبة المتعنّتة، لا أمشي في الطرق التي تؤدّي إليه إلّا وأنتِ في جميع النواحي وكلّ الجهات، وكذلك رأيتُكِ في المدن والقرى حتّى في وجوه الناس رأيتُكِ، فإذا بملامح جديدة تقول هُأنا، كتلك الكلمة المرموزة في كلّ معنى وهي تقول: الحبّ، والناس في حضرة قرصك الفتّان، كالواحد الصحيح يضرب في كلّ الأرقام الحسابيّة ليكون الناتج لمياء.

إنَّ أكثر أسعار الحياة تكلفة في الحبّ بقربه وبعده، كأكثر رحلة في السفر بالقرب من المكان المنتظَر، أو بالبعد عن المكان المهجور، فهل من هذه الرحلة إلّا أنَّ المسافر بعيد، وهو مازال قريب في قلب حبيبه، وتنقضي الأيّام بالأشياء، كما تمضي الشهور

على السماء، ومن الأيّام ما يُفرحنا كأنّه جوهر يبتهج فينا، ومن الشهور ما يحزننا كأنّه نفس زادت علينا، فهل الأحزان من أيّ امرئٍ إلّا بأنّه الحزين والمحزون معًا؟!، وهو مادام مريضًا في قالب تشاؤمه فقط.

المسافر والحزين أهما أسيران في حروب الهوى، أم سجينان في سرقة الهوى، أم الحبّ يتأنّى بهذا التحقيق العجيب لقدرته على ضبط ذلك الجهاز النبضيّ المسمّى بالقلب، فأغفى جفنيه عن شعوره بالألم، وجعل أكثر دقّاته الإنسانيّة هي أكثر آلامه؟!.

سبحانك اللّهمّ سبحانك، تُمهل الحزين على حزنه، وتُعين الحبيب على حبيبه، وترعى المسافر في سفره، وتشفي المريض من مرضه بثلاث أدوية، أوّلها: دواء الصبر، وثانيها: دواء الحسنات، وثالثها: دواء الشفاء.

يا أعدل مَنْ في الوجود للوجود، ويا أعزّ مَنْ هو واجد للموجود ، ويا أحكم مَنْ في الحكم للحكم، علّمتنا ما لم نعلم، وما لم نعلمه أنتَ الأعلم بهِ، سبحانك اللّهمّ سبحانك، وهبت الشاعر سحرًا من بيان لُغاتك؛ ليعبّر عن أسمى مخلوقاتك، ثُمّ أخذتَ منه

ما يحبّ؛ لتعطيه معجم الحبائب في مجلّدات ترمي إلى ما تأخذ وما تعطي، وما أخذتَ ـ يا رب ـ إلّا لتعطيَ، فنحمدك، وما أعطيت ـ يا ربّ ـ إلّا لتزيدننا فنشكرك، وما رددتُ تلك القصائد إلا من عطف اللطيف الرحمن الرحيم الذي أوحى إليّ بالعزاء والسلوى فأنشدتُ:

****

في يوم ميلاد حبيبتي الحسناء

****

هجرتني أم هجرتِ الحديث من الكلامِ..
وقد جاء يومكِ على منّى أحلامي..
شهد الله أنّني لا أنساكِ لوهلة..
فيها نسيتِ عيد الحبّ من أيامي..

* * * * * * * * * *

تغني يا قيثارتي..
اصعدي إلى أوتار قلمي..
لتترنم في ساعتك أوراق هُيامي..
ها قد حَلَّ هنا وهاهنا..
وما أجمل شهدك في المنامِ..

وتدور الكواكب لتزف عمركِ..

وتوجتكِ ملكة لعرش غرامي..

* * * * * * * * * * *

يا مطلع الشمس والبهاء..

يا قمر في ضيه أزهى ضياء..

أقالب بدرك في قرصه أمامي؟!!..

أيا فجر الآمال منذ اللقاء..

قد هلل عالمكِ إلى أنعامي..

* * * * * * * * * * *

أنا في ميلادكِ السعيد..

من شغف..

إلى حنان..

في يقظة شعارنا للوئامِ..

أنا في طفولتكِ الحلال..

من البساطة..

إلى الرأفة..

لا أعرف طريقًا للحرامِ..

أنا في صورتكِ البريئة..

طاف قلبي بكون بَسامِ..

مرحبًا بيوم صار يومي..

وبين عينيّ..

وفي سلامي..

****

ألا أيُّها القلب

****

ألا أيُّها القلب هل أنتَ سامعُ..
وهل أنتَ مع لمياء..
أم تكلل مطلعًا وهو طائعُ..
ألا ليت قلبها ينقاد للهوى..
ويجلس على قلبي وهو ضائعُ..
فيا مسافرتي قد انهمرت الأشواق..
وانفجرت على ضواحي الأطلال مدامعُ..

* * * * * * * *

لكِ في معاني اللوعة طابعُ..
وبعدها..
حدثت فؤادي بكِ..
فما هو صابرُ؟!!..
وما هو صانعُ؟!!..

وصاحت أحباري من شعر يقع..
على قصيد يكشف القواقعُ..
واصنعا بريق العين من بدر وجهها..
ومن سحر ضيائها..
فما لكما فيهما سوى اليوم ودائعُ..

****

غدًا..

يطول الوفاءُ..

ويزيد البكاءُ..

ولَعَمركِ ليطغين الحبُّ اللامعُ..

أردتُ فقط..

في قالبك نظرة..

تكتفي بها رؤيتي..

وبصري وبصيرتي..

لتزين الفجائعُ...

****

خـــاتـمـة الـحـديـث

ودعني صاحب الحديث خاتمًا:

أيُّها القرّاء الأعزاء لا تسألوها عنّي وتقولوا لها أنَّ اسمي أو لقبي، أو كُنيتي هو ذاك الاسم الموضوع على هوامش الفصول، بل سلوها عنّي وقولوا لها: من ذاك الذي يراسلك باسمه المنحول؟ وستقولُ لكم: هو الشاعر المجهول. وما برحتُ إلّا وقد لمستني بشاعريّة جديدة ملموسة عند طبيعة الكون وبين ألوان الحياة، بقولها في ذات الحديث القديم {أنتَ الشاعر}. فيا لكِ من امرأة داهية أشدّ الدهاء والمكائد في ثقتك بي، والألف واللام المعرِّفتان عليّ بكلمتين من الماس {أنتَ الشاعر}: أي أنتَ الشاعر لأنَّك شاعري، وكشف غطاء اللقب المجهول من ضحكة غامرة راسلتني بها، وانكشفت صورتها إليَّ في تاريخ باهر عند ساعة من الساعات السارية التي يؤرّخ لها قلم الحبّ وألم القلب.

وأمّا عن النظرة الأولى والبسمة الأولى والقُبلة الأولى: ثلاثة معاجم ينتهي فيها العناق الروحيّ إلى العناق الزوجيّ، وقد

أضافت هذه المعاجم المعرفة والتعارف من كثرة ما يتردّد بين عاطفة تسأل ومشاعر تجيب، فتحوّلا إلى سجن يتمثّل في حراكٍ محدود، وصوت مشدود، وحبٍّ ممدود بكلّ معانيه، فالإبصار في مفردات الحبّ على أنَّك ترى الحبيبة وكأنَّك تعرفها من قبل، أو بالفعل كأنَّك تعرفها من زمن سحيق، وتجلسان بجوار بعضكما بعضًا، وكلّ ما فيكما يتحرّك ويتنفّس ويتكلّم حتّى الهمسات المقصورة عن التعبير والإفصاح، ليتمّ فيما بعد تاريخ الحبّ بينكما مهما يقصر أو يطول، فالرجل والمرأة كالكتاب الكامل لا تستطيع أن تقرأ وتفهم النصف من غير الآخر، كالنهار والليل لولاهما ما عرفنا اليوم، ومتى يبدأ أحدكما بتدوين هذا التاريخ، كان في قلبه تاريخ العشق الأوّل من فصل الهُيام الأخير.

وهذه الفصول طائفة من صميم القلب وخواطره الخالدة، وهي مسجّلة على هوامش الفنون الشعبيّة والأدبيّة لمراجع الهوى، ويأتي كتاب في هذا القرن يشرح ويبسط تلك المراجع، فإذا هو كتاب من الفنّ، فإذا هو تاريخ من الشعر، فإذا هو حضارة من الخواطر، فإذا هو منجم من مناجم الحبّ، وكتبتُ فيه مئة قُبلة وكلمة ونظرة وهدف لمباراة العشق والغرام معًا، و وضعتهما في مشاعر الأرض وأحاسيس كوكب النبض، وما وسع من بحور النبضات، وزدتُ عليهما بعصارة الجرح، وبصفوة الروح، وبالإلهام

تلك العاطفة الصادقة المليحة على مليح، والأحلام التي لم تكن يومًا تجريحًا إلى تجريح، وإنَّما كانت الأحلام تُلوح باسم أخيلة ساحرة، وتهتف باسم فطرة باهرة، وتزهو بصقيلة ناضرة منقوشة على نبل الفضائل ونبل التضحيات؛ لتهذّب فؤاد الهوى وعقل الفكر بجميلة من الجميلات، ولتصعد صعودًا شاهقًا ساميًا إلى قمم الاستقامة وما يهتدي إليها من صدق واستعلاء عن غريزة الحيوان، ثُمَّ تتجسّد في ذلك الشخص الذي يُدعى الإنسان، ثُمَّ يقولون الحبّ أعمى، واللهِ هم كاذبون ثُمَّ كاذبون، بكفرهم وطغيانهم على شدّة الباء بلا سكون، ولا يعلمون كيف أبصرت أنا في حضرة قلبك أنتِ، ويحاولون إطفاء الشعلة المباركة التي تتوهّج في كياني بنار سارية للخلود، والتي تتألّق على أمل العبقريّة ذات الوقود، وحينها أقسمت عليكِ ألف ألف مرّة بالشهود، في كتاب يضمّ تاريخنا الموعود.

15 من شباط / فبراير 2017
الساعة الثانية وخمسة وعشرون دقيقة صباحًا
القاهرة – مصر

قالـوا في هـذا المعجم

هوية الشاعر المجهول

بقلم: الشاعر (مهدي ناصر)

مَنْ ذاك الشاعرُ المجهولُ يا تُرى؟. وماهيّته لمفردات الحبّ؟. ولماذا أدّعى بأنَّه مجهول عن حبائبه؟. وكيف أخفى هويّته وراء لقبه الثقافي، أو اسمه الثاني؟. وهل عرفتِ صاحبته الأولى ألوان شعره المسحور من وحي (" قلم الحب وألم القلب"). كما ورد هذا التشبيه مسبقًا(1)؟. جميع الأسئلة هنا أجابتها لا تُكتب إلّا هكذا: الله أعلى وأعلم. فإذا بي أمسك سنّ القلم لأخطَّ إليه تلك الأسئلة في جوابات ورسائل، وألحّ عليه بالإجابات على تلك المسائل في يوم قريب عاجل، فما به إلّا أن يبعث إليّ بفصول عديدة تحتوي على أشعار غزيرة، وخواطر عميقة، وكلمات حزينة تئنُّ أنين الصارخ بصراخه، كما يئنُّ المحبّ على موت حبيبه ، وكلّ من هذه الفصول سواء فصول أو خواطر في ذلك الكتاب الذي أسماه (حديث العزاء إلى لمياء)، عفوًا أيّها الصديق القديم لقد أخطأت، وربّما أرمي إلى إعجاز كتابك الثمين (حديث الوفاء إلى لمياء) الذي سوف يصبح حديث الصباح والمساء، وحديث الأرض والسماء، وحديث النقّاد والأدباء، وحديث الكُتَّاب والقراء.

كان هذا المسمّى هو اختياري حينما أشار عليّ مؤمن صلاح عفيفي بعنوانين للكتاب (حديث العزاء أم حديث الوفاء)، وأجمع ذاك الأديب الأريب على اختياري واختيار معلمه من آل كرزون، وقليل ممّا بثُّهم سرّه الحقيقيّ بتسمية الكتاب حديث الوفاء.

وأمّا عن اسم "المياء" فهو اسمها الحقيقيّ كما حدّثني مجنون لمياء عنها، وكَتَبَ الأستاذ الكاتب الروائي القاصّ الأديب

محمد بن يُوسف كرزون إلى مؤمن يشيره بتغيير الاسم وباستخدام الرمز، وحينئذٍ قال له مؤمن: (حديث الوفاء إلى ولاءٍ). ولم يهتمّ المؤمن ولن يكترث بالاسم قطّ، وهذا لا يعني بأنّه لا يقدّر معلّمه، أو لا يصغي لنصائحه، كلّا والله، بل إنَّ كرزون عنده هو معلّمه وصديقه وأستاذه وأبوه بعد أبيه، وعسى ما يكون الحقّ فيما فعله مؤمن في الكتاب إلّا بمفاجئة كبرى من مفاجآته غير المتوقّعة.

ولا عجب في أنّ القرّاء والنقّاد والكُتّاب سوف يدّعون ويزعمون ويرمون الشاعر المبجّل والكاتب الفحل مؤمن عفيفي بعدم التمحيص والتدقيق في ترتيب فصول الكتاب، فبعضهم سوف يتحدّث عنه حين نشره بقولهم: كتابٌ لم نفهم منه شيئًا إلّا مقدّمته، وبعضهم الآخر يقول: هو كتاب الحبّ الوحيد الجدير بالذكر والقراءة في القرن الواحد والعشرين، ونكتفي به معجمًا في فنّ الحبّ وتاريخه المقدّس، وأنا مع ذلك البعض بصراحتي وقراءتي لكتاب الشاعر المجهول وحقيقته، وما أدراكَ ما حقيقة هويّته، فهويّة الحبّ عند شاعرنا المجهول كانت كلّها صمتٌ ضائعٌ يتحدّث في نفسه، وهي هويّة قد سارت على شعره ورسائله ونثْره، كأنّما أثمرت به صفحة من حضارة الحبّ لا من قلم الحبّ، وديوان من تاريخ القلب لا من ألم القلب، وكان من حماقته وطهارته ولذّاته العجيبة، كأنّما طارت في أنحاء جسمه فراشة تتربّع على قلبه؛ لتدقّ ناقوس نبضاته بأصابع من نور.

وأنا من الذين يعجبون بسعادة الأمير في كلّ ما يخطّه، أو يسطّره، أو يكتبه في رسالات حياته. ولقد جاء مؤمن ذكيًّا حريصًا جريئًا فصيحًا، فلا ترى في أسلوبه تكلّفًا إلّا وصار إبداعًا، ولا تقرأ في حضرته خيالًا إلّا وزاده جمالًا، فهو الوحيد من كتاب عصره الذي هَزَّ عرش الأدب العالميّ برفرفةِ أجنحته على قبر المغفور والمرحوم له بإذن الله تعالى أبي سامي، ليرتّل الفاتحة أمام مقامه،

ثُمَّ يسمعه صوت أغاريد المؤمنيّات من روح ألحان الرافعيّات، وهي مصغية إليه في حيرة وفخر وتيه، تردُّ عليه السلامات والتحيات متغنية:

يا أميري أيا أميرَ البيــان   لــقد غدوت شكيب أرسلانِ
أنتَ في الشعر حجة قد أقيمت   و أميــر على فنــون البيان
يا ابن مصر والنيل يا ابن المكارم   يا مغامر على قريض عناني
حافظٌ لقريضي، شوقي لشــ   ـعري، رافعي لنثري وعنواني
قـد أنرت الدجى بنــور بيـان   و بديع من رائعــات المعـاني
أيُّـها المؤمن العفيف سلامًا   و جزاك ربي أعالـي الجنـانِ

وعندما جلس مع الرافعي وروحه حدّثني في ذات ليلة عن أحلام قلب حيّ، فإذا بهذا القلب يهدأ بعواطف تصمت تارةً، وبخلجات نفس تثور تارةً أخرى، وما أسرع أن ينفجر هذا البركان إلى أجزاء من صخور ورواسب ومعادن، كما ينفجر البشريّ بقاعدة الإنسانيّة المنسيّة، فإذا مؤمن بشيء إلَهي خارق قد دخل إنسانيته، وامتزج به امتزاج الجزء من الكلّ، فإذا بالشيء قصيدة، وإذا بالجزء امرأة، وإذا بالكلّ أسطورة من أساطير الحبّ والعذاب.

وإنّي لأكتب هذا الرأي الجميل في الصديق الأصيل، ولا أخشى لومة لائم، أو نقدًا لناقد ممّا سطّرته في مقالتي حول عاطفة {{﴿أمين الأدب العربي﴾}} ألا وهو مؤمن صلاح عفيفي، وأرجو أن يسطع قلمه، وتتألّق شهرته، وتلمع كتبه في أنحاء العالم أجمع بالترجمة والتقدير والتقييم، لأنَّه كاتب صغير ذا قلم كبير مثله كمثل تلك النجوم اللامعة على دفّتي المكتبات.

1-أنظر خاتمة الكتاب ص72

27 من كانون الأول / ديسمبر 2018
البليدة – الجزائر

رأيّ ضياء الدين بابر في الحديث

الكتاب بشكل عام فيه مزايا كثيرة

1).. سرد جميل، سلس وسهل.

2)... كلماته ميسورة الفهم ومألوفة ليست غريبة.

3).. تراكيبه مختلفة لا يملّ منها القارئ.

4).. أسلوبه شيّق وطازج ليس مجفّفًا.

أمّا ما لم أحبّه هو عباراته العامّيّة

في الثاني والعشرين من كانون الثاني / يناير2018

مدينة زوب _ باكستان

رسالة الكاتب الشاعر الجزامصريّ في الحديث

السلام عليكم و رحمة الله و بركاته :

لي عظيم الشرف أن أكون من أوائل الغارقين بين طيات هذا الكتاب، المرتشفين من بحوره جرعات من الحب، الذي أقل ما يقال عنه أنه أزلي.

أما بعد: بكل أمانة أردت أن أقرأ هذا الكتاب، و أن أبرز رأيّي فيه كقارىء، ثُمَّ ككاتب، لكن، هيهات، فإني حين توغلت في أعماقه إحتضنته كعاشق لم يكن بيدي حيلة؛ فكل من يتصفح هذا الكتاب إلى آخره لا ريب سيتملكه مس العاشقين و يصيبه من جنون الهائمين نصيب.

و أختصر قولي: فإن هذا الكتاب هو رحلة لحياة مليئة بالإثارة و الجنون و مزيج متجانس بين الواقع و الخيال يجبرك على ربط الماضي و الحاضر و المستقبل في لحظة واحدة ملؤها الحب و الرومانسية من جهة، و يناقضها الحزن و حقد العاشقين من جهة أخرى .

و أشكر أخي صلاح الذي علمني من خلال كتابه أن الحب عقل المجانين و جنون العاشقين.

فارس أحمد
البويرة ـ الجزائر